Avril 1853.

AF310018

CATALOGUE
DE
TABLEAUX

des Écoles Italienne, Flamande et Française,

PROVENANT D'UNE COLLECTION FORMÉE A VENISE

Par M. le Marquis de SIVRY,

DONT LA VENTE AURA LIEU

HOTEL DES VENTES MOBILIÈRES,

RUE DES JEUNEURS, N. 42,

Salle n. 1,

LE LUNDI 18 ET MARDI 19 AVRIL 1853,

Par le ministère de Me **BONNEFONS DE LAVIALLE,**
Commissaire-Priseur, rue de Choiseul, 11,

Avec l'assistance de M. **GEORGE,**

ANCIEN COMMISSAIRE-EXPERT DU MUSÉE DU LOUVRE,
Rue du Sentier, 8.

Chez lesquels se distribue le présent Catalogue.

— ◦ —

EXPOSITION PUBLIQUE

Le Dimanche 17 Avril 1853, de midi à cinq heures.

— ◦◈◦ —

Exemplaire de Beurdeley frère

PARIS

MAULDE & RENOU,

IMPRIMEURS DE LA COMPAGNIE DES COMMISSAIRES-PRISEURS,
rue de Rivoli prolongée, au coin de la rue de l'Arbre-Sec.

1853

CONDITIONS DE LA VENTE.

Elle sera faite au comptant.

Les acquéreurs paieront, en sus des adjudications, cinq pour cent applicables aux frais.

AVERTISSEMENT.

Nous ne présentons pas les tableaux dont nous pu-
blions le catalogue comme la collection complète de
M. de Sivry. Ils proviennent du fonds de commerce que
possédait cet amateur distingué, que les vicissitudes
de l'émigration obligèrent à transformer en industrie
son goût pour les arts. M. de Sivry, qui s'était fixé à
Venise, avait dans toute l'Italie la réputation d'un con-
naisseur éclairé et d'un négociant honorable. Une partie
de ses tableaux a été vendue à l'étranger, mais l'habi-
tude des ventes publiques n'existant pas en Italie, la
difficulté de se défaire à l'amiable et en détails d'un si
grand nombre de toiles, a décidé ses héritiers français à
les transporter à Paris. Le souvenir de nos anciennes
relations avec M. de Sivry nous a fait accepter avec
plaisir l'expertise et la direction de sa vente. Les amateurs remarqueront à travers les diversités de mérite
et de valeur des morceaux qui la composent une cer-
taine unité qui atteste l'authenticité de leur provenance.

DESCRIPTION

DES TABLEAUX

ÉCOLES D'ITALIE.

BAMBINI (Niccolo).

1 — Une jeune Bacchante, gracieusement renversée
sur une draperie et dans le délire de l'ivresse,
vient d'arracher sa flûte à un Faune qui la
lutinait. — Neuf figures.

2 — Un vieux Satyre couronne de fleurs la tête d'une
jeune Bacchante ; d'autres Satyres dansent et
font résonner leurs instruments autour d'elle.
— Dix figures.

3 — Des Satyres et des enfants entourent en riant une
Bacchante agitée par l'ivresse, mais joyeuse
encore de leur montrer une coupe remplie de
vin. — Huit figures principales et une danse
de Faunes dans le fond du paysage.

L'arrangement de ces trois bacchanales est

rempli de goût et d'imagination. Le dessin des figures unit la correction à l'élégance ; les poses sont d'une grande souplesse et d'une charmante vivacité de mouvement, les têtes de femmes d'un séduisant caractère. On remarquera encore la belle ordonnance des fonds de paysage.

4 — Un jeune Faune couronné de pampres vient de remplir une coupe qu'il élève en l'air avec un geste d'ivresse. Une jolie Bacchante agitant un tambour de basque se joue d'un vieux Satyre assis auprès d'elle. — Huit figures.

Cette composition offre les mêmes qualités que les précédentes, elle en diffère seulement par une plus grande dimension.

RIBERA (Joseph, dit l'Espagnolet).

5 — Saint Barthélemy, vu à mi-corps, est attaché à un arbre par son bras droit déjà écorché à vif sous le couteau du bourreau.

Tableau de l'exécution vigoureuse qui caractérise les productions originales de Ribera.

CARAVAGE (École du).

6 — Judith montre avec fierté la tête d'Holopherne qu'elle élève au-dessus d'un bassin que porte sa suivante.

BONINI (GIROLAMO).

7 — Des Nymphes et des Naïades supportent le corps de Léandre, qui s'est noyé pendant une nuit d'orage en traversant l'Hellespont à la nage.

Composition dans la manière des gracieux ouvrages de l'Albane.

ALBANE (ÉCOLE DE L').

8 — Le Jugement de Pâris. — En présence de Mercure qui plane dans les airs, le berger donne la pomme à Vénus, sur la tête de laquelle un Amour dépose une couronne.

PALMA (JACOPO, LE VIEUX).

9 — Portrait d'une matrone. — Elle est représentée debout, à mi-corps, la tête nue et la main droite appuyée sur un petit épagneul couché sur un tapis de Turquie. Un petit tablier de mousseline brodée, une chemisette bouillonnée et un fichu garni de dentelle se détachent sur sa robe de soie noire entr'ouverte au corsage.

Morceau d'une exécution précise et délicate, et d'une belle fermeté de pinceau.

10 — Une Sibylle vue de face, en buste, et la tête couverte d'un turban qui découvre ses cheveux
plissés en bandeaux. De la main droite elle
tient un rouleau de papier déployé en ban-
derolle.

Malgré quelques repeints qui voilent l'exécution du maître, ce tableau nous semble
d'une originalité incontestable.

PALMA (STYLE DE JACOPO LE VIEUX).

11 — Jésus debout sur les genoux de la Vierge assise
entre saint Jérôme et sainte Catherine.
12 — Saint Jérôme en méditation devant un crucifix.

MOLA (PIERRE).

13 — Paysage. Un vieillard tenant un enfant est assis
à l'ombre d'un arbre au bord d'un ruisseau
dans lequel une femme lave du linge.

POLYDORE DE VENISE.

14 — L'adoration des rois. La Vierge assise sous un
portique décoré de colonnes tient sur ses
genoux l'Enfant Jésus qui donne sa bénédiction aux trois rois en adoration devant lui.
Saint Joseph, deux anges et le donataire en
habit de religieux assistent à cette scène.

Tableau dans le sentiment des ouvrages
du Titien, qu'il rappelle par quelques unes
des qualités de son exécution.

TITIEN (ÉCOLE DU).

15 — La Vierge, l'Enfant, saint Jean Baptiste et un
évêque.

16 — Portrait en buste d'un vieillard à barbe blanche.
Morceau largement traité et d'une facture
de maître.

MANSUETI (GIOVANNI).

17 — L'Enfant Jésus sur les genoux de sa mère
donne les clefs du Paradis à saint Pierre
agenouillé devant lui ; derrière le premier
apôtre, saint Jean et sainte Catherine se
tiennent debout.

Composition naïve, empreinte de la pieuse
simplicité du style de l'époque.

SOLARIO (MANIÈRE D'ANDREA).

18 — Jésus-Christ portant sa croix ; demi-figure.

CRESCENZIO D'ONOFRIO.

19 — Paysage planté à gauche de grands arbres qui
indiquent l'entrée d'une forêt. L'avant-scène
est baignée par une rivière formant cascade,
et au-delà de laquelle on remarque des fabriques dans un pays boisé ; une chaine de
montagnes s'élève à l'horizon.

Crescenzio est considéré par quelques uns

comme le seul élève de Guaspre Poussin ; et,
en effet, on ne saurait rencontrer une autre
composition qui approchât plus que celle-ci
des belles lignes et de l'ordonnance gran-
diose des paysages de ce grand maître.

PONTORME (ATTRIBUÉ A J.).

20 — Jésus, debout devant la Vierge qui le retient
par les bras, s'avance pour recevoir des
mains du petit saint Jean un globe surmonté
d'une croix ; saint Joseph est derrière les
deux enfants.

VECELLIO (MARCO).

21 — L'Enfant Jésus, assis sur les genoux de sa
mère, semble songer à sa destinée de Ré-
dempteur.

CARRACHE (ÉCOLE DES).

22 — La Vierge soutient en pleurant le corps inanimé
de son fils ; un petit ange est à genoux auprès du Sauveur.

TAVELLA (CARLO).

23 — Saint François et son compagnon en prière au
milieu d'un paysage. Les figures sont peintes
par Magnasco.

PIAZZETTA (Giovanni-Battista).

24 — Une vieille maîtresse d'école réprimande un petit garçon qui manque de mémoire en récitant sa leçon. Des petites filles jouent à la poupée ou travaillent; d'autres apportent des corbeilles de fleurs.

Composition naïve et d'un effet piquant.

BORDONE (Paris).

25 — Octave et la Sibylle.

26 — Le sujet de la Femme adultère. — Neuf figures petite nature et vues à mi-corps.

PESARESE (Simon Cantarini de).

27 — La Vierge, assise sur le devant d'un paysage, tient sur ses genoux l'Enfant Jésus qui prend la croix de roseaux des mains du petit saint Jean. Saint François est en adoration devant le fils de Dieu; saint Joseph, pour contempler cette scène, suspend la lecture d'un livre entr'ouvert sur ses genoux.

La tendre et piquante expression des têtes, la suavité du pinceau et de la couleur, et l'heureuse distribution de la lumière répandent un charme inexprimable sur cette gracieuse composition.

CALIARI (Benedetto).

28 — Le Christ, sous la figure d'un jardinier, apparaît à la Madeleine qui se prosterne humblement devant lui.

Morceau d'une couleur brillante et d'une grande habileté d'exécution.

29 — La Cène. — L'artiste a ajouté comme un épisode à son tableau : la Madeleine parfumant les pieds de Jésus.

Les têtes sont d'un caractère Titianesque.

SCHIAVONE (Andrea).

30 — Judith s'étant introduite dans le camp d'Holopherne, vient de trancher la tête au général assyrien.

GIORGION (École du).

31 — Saint Georges, monté sur un cheval blanc, enfonce sa lance dans la gueule du dragon. La jeune fille qu'il délivre, agenouillée sur le second plan, semble rendre grâces à Dieu de cette victoire.

Ce tableau, d'une couleur claire et brillante, est dans un état parfait de conservation.

32 — Portrait du chevalier Bayard, d'après le Giorgion.

ZUCCARELLI (Francesco).

33 — Paysage mythologique. — L'arrangement de
cette composition est tout à fait pittoresque,
et la couleur digne de l'école vénitienne; les
figures sont d'une touche grasse et spiri-
tuelle.

PORDENONE (Licinio Bernardino de).

34 — Jésus conduit au Calvaire succombe sous le poids
de sa croix que soutiennent Simon et la
Madeleine. Plus de vingt figures.

RAPHAEL (École de).

35 — Une Sainte Famille. La Vierge soulève le voile
qui couvrait l'Enfant Jésus endormi sur un
lit dont saint Jean écarte la draperie; saint
Joseph est en adoration devant l'enfant divin.
Composition d'un style fastueux et gran-
diose qui rappelle la plus belle époque de
l'école romaine.

SIRANI (Giovanni Andrea).

36 — La Mort de Lucrèce. — Figure à mi-jambes et
de grandeur naturelle.
Morceau d'une grande morbidesse dans les
carnations et d'une belle vérité d'effet.

BASAITI (Marco).

37 — Joseph d'Arimathie, Nicodème, saint Jean et la Madeleine entourent le corps de Jésus que la Vierge soutient sur ses genoux.

Ce tableau est remarquable par la rudesse naïve des airs de tête et le sentiment de piété dont il est empreint.

TIEPOLO (Giovanni Battista).

38 — Sacrifice de Polyxène. — Pyrrhus conduisant Polyxène par la main, lui montre le tombeau d'Achille au pied duquel il va l'immoler. Le grand prêtre verse l'encens sur le feu sacré ; un jeune Néocore lui présente sur un bassin le couteau du sacrifice. Un Augure remuant le sang des victimes dans une cassolette, des porte-drapeaux, des soldats, des femmes éplorées remplissent cette composition dont le mouvement pittoresque se joint à l'exécution la plus preste et la plus incisive.

39 — Portrait d'une vieille femme d'une physionomie heureuse; sa tête est nue, ses cheveux blancs sont coupés court et pendent en désordre.

40 — La Vierge, l'Enfant Jésus et le petit saint Jean. — Exécuté pour la décoration d'un panneau de chapelle.

SCHIDONE (ÉCOLE DE BARTOLOMMEO).

41 — Vision d'un évêque dominicain agenouillé et en extase devant le corps de Jésus soutenu par la Vierge et par un ange.

CRIVELLI (GENRE DE CARLO).

42 — L'Enfant Jésus debout sur les genoux de sa mère qu'il étreint dans ses bras avec une tendre ferveur.

FRANCESCHINI (MARCANTONIO).

43 — Diane au sortir du bain se repose à l'ombre d'un rocher. Huit de ses Nymphes effrayées remettent à la hâte leurs vêtements à l'aspect d'Actéon qui fuit déjà dans le lointain.

Composition séduisante et du plus gracieux arrangement.

RICCI (SEBASTIANO).

44 — Bacchanale. — Une Nymphe, succombant à l'ivresse, gît endormie sur un lit de repos. Autour d'elle s'agitent ses compagnes, des Faunes et des enfants jouant de la flûte.

Composition riante et exécutée avec une brillante facilité.

45 — Olinde et Sophronie liés au bûcher du supplice. L'artiste a choisi le moment où Clorinde apparaît pour les délivrer.

46 — Clorinde, blessée à mort par Tancrède, est transportée par des soldats chrétiens sous la tente du héros.

Compositions riches de détails et pleines de mouvement.

TINTORET (Jocopo Robusti, dit le).

47 — Portrait d'un Amiral vénitien représenté à mi-jambes, et revêtu de son armure sur laquelle se drape un manteau d'une riche étoffe; il tient dans la main droite le bâton de commandement. Le fond offre une perspective de pleine mer semée de galères vénitiennes.

48 — Portrait d'un Procurateur de la république de Venise, revêtu du costume de sa charge et portant l'ordre du Christ suspendu à son cou. Il est debout devant une table sur laquelle on remarque une missive adressée à Pie V. Cette figure est adossée contre une fenêtre ouverte sur le Tibre, en vue du château Saint-Ange.

Ces deux portraits résument toutes les qualités énergiques d'expression et de couleur de la peinture du Tintoret. Qu'il nous soit permis de regretter ici que les beaux tableaux de ce grand maître, qui se placent à

Venise et dans tous les musées à côté et presque à l'égal de ceux du Titien et de Paul Véronèse, n'aient pas encore atteint une valeur comparative à celle des œuvres de ses deux illustres rivaux.

49 — Portrait de femme, représentée jusqu'à mi-jambes, tenant son mouchoir de la main gauche et un livre dans la main droite qu'elle pose légèrement sur une table. Elle porte le somptueux costume des dames vénitiennes du temps.

On sait la rareté des portraits de femmes du Tintoret; celui-ci se distingue par la finesse et le rendu de l'exécution.

CONEGLIANO (ATTRIBUÉ A CIMA DE).

50 — La Vierge, les mains jointes, est en adoration devant son divin fils couché devant elle, la tête appuyée sur un coussin.

LOTTO (LORENZO).

51 — Un général vénitien, sous la protection de saint Marc, à genoux et tenant l'étendard de la République à la main, vient demander la bénédiction au Fils de Dieu assis sur les genoux de sa mère. — Huit figures.

Le brillant coloris de ce tableau rappelle les ouvrages du vieux Palme, du Giorgion et du Titien, dont Lorenzo Lotto était l'émule, dans l'école de Jean Bellin.

ROELAS (IMITATION DE PAOLO LAS).

52 — Résurrection du Lazare. — Composition de dix-huit figures.

FURINI (FRANCESCO).

53 — Saint Jean-Baptiste tenant sa croix. Figure à mi-corps.

Cette tête a le caractère réfléchi des figures du Dominiquin, la grâce et la douceur de celles de l'Albane et du Guide.

BOLOGNESE (GIO. FRANCESCO GRIMALDI, dit LE).

54 — Sur le premier plan d'un paysage boisé et entre-coupé par les eaux d'une rivière, le dieu Pan cherche à séduire la nymphe Syrinx par les accords de sa flûte.

Ce petit paysage est bien traité, d'une composition simple et pleine de goût.

CORTONE (PIETRE DE).

55 — Sujet allégorique. — La Sagesse avertit la Jeunesse de la fuite rapide du Temps, et semble la détourner des plaisirs éphémères qu'il emporte avec lui.

Cette ingénieuse allégorie, exprimée par dix gracieuses figures, est d'une élévation de style et d'une brillante exécution qui placent ce tableau parmi les meilleurs ouvrages de Cortone.

GIORDANO (Luca).

56 — Suzanne au bain fait un geste d'effroi à la vue des deux vieillards qui surprennent sa nudité.

On admire dans ce tableau une exécution grasse et facile ; mais on est surtout frappé de la morbidesse et de la grande vérité des carnations.

MOCETTO (Girolamo).

57 — Assis sur un trône, sous un portique soutenu par des colonnes de marbre, Hérode ordonne le massacre des Innocents. — Dix-huit figures.

58 — Le pendant. — Scène du massacre des Innocents à l'entrée d'un palais revêtu de marbre et d'une riche architecture. — Vingt et une figures.

Lanzi signale les tableaux de Mocetto comme étant très rares. Ceux-ci portent sa signature, et sont en outre d'une conservation intacte. Il serait donc difficile d'offrir plus d'intérêt, avec une meilleure garantie d'authenticité.

BONVICINIO (ALESSANDRO, dit LE MORETTO DE BRESCIA.)

59 — Portrait d'homme assis et vêtu d'une robe bordée de fourrures. Une de ses mains s'appuie sur un livre ; l'autre, sur le bras de son fauteuil. Son front est découvert et demi-chauve ; une grande barbe noire descend sur sa poitrine.

Cette figure, d'un grand caractère, a l'imposante prestance des portraits du Titien. L'exécution est ferme et fine à la fois.

CORRÈGE (ÉCOLE DU).

60 — Ecce Homo.

MORONI (ATTRIBUÉ A GIOVANNI BATTISTA).

61 — Portrait d'homme représenté en buste, la tête chauve, avec une épaisse barbe brune qui se détache sur un col rabattu.

62 — Autre portrait d'homme vu en buste et la tête nue. Une barbe épaisse garnit tout le bas de son visage.

SANTA CROCE (FRANCESCO).

63 — Saint Jean baptise Notre Seigneur sur les bords du Jourdain ; deux anges assistent le Précurseur.

Petite composition d'une grande simplicité,

remarquable par la douceur des caractères, la légèreté de la touche et la délicatesse du coloris.

CATENA (VINCENT).

64 — L'Enfant Jésus sur les genoux de sa mère, se tourne vers saint Joseph et lui tend la main. Sainte Catherine tenant la palme du martyre est debout à droite de Marie. — Figures à mi-corps.

Les ouvrages de Catena tiennent tout à la fois du vieux Palme et du Giorgion et jouissent à Venise d'une grande réputation.

MARCHESINI (ALEXANDRO).

65 — Le Jugement de Pâris. — Neuf figures, petite nature.

Composition agréable et d'un charmant effet de décoration.

66 — Suzanne au bain surprise par les deux vieillards.

BASSAN (JACOPO DA PONTE, dit LE).

67 — Saint François à genoux et en extase devant une vision céleste. A quelques pas de lui, un religieux de son ordre est occupé d'une pieuse lecture.

Morceau très harmonieux et d'un beau ton de coloris; sa petite dimension le recommande encore à l'attention des amateurs.

BASSAN (Leandro da Ponte, dit le).

68 — Jésus-Christ à table avec les pèlerins d'Emmaüs. — Le peintre a eu la singulière idée de placer la cène évangélique dans l'intérieur d'une cuisine garnie d'ustensiles et occupée par l'hôtelier et des servantes à l'ouvrage.

69 — Jésus au Jardin des Olives. — Scène de nuit, d'une illusion comparable aux effets de Rembrandt.

BASSAN (par l'un des).

70 — Même sujet que le précédent.

VASARI (Giorgio).

71 — Saint Barthélemy, enveloppé dans un manteau qui se drape sur une tunique verte, tient à la main le couteau instrument de son supplice.

ÉCOLE FLAMANDE.

PORBUS (François).

72 — Portrait d'Eliud Schaller, peint en 1588, à l'âge de trente-neuf ans. Il porte, suspendue à son cou, une chaîne d'or à médaillon qui se détache sur son vêtement de soie noire.

BOTH D'ITALIE (STYLE DE).

73 — Paysage. — Le premier plan est occupé par d'énormes masses de rochers qui masquent une partie de l'horizon, et entre lesquels s'épanche une cascade.

RAVESTEIN (ARNAUD VAN).

74 — Portrait d'homme en habit de satin noir surmonté d'une collerette garnie de dentelle.

ROTTENHAMER (JEAN).

75 — Saint Jean dans le désert.

OSTADE (ATTRIBUÉ A ISAAC).

76 — Dans une chambre basse d'un aspect pittoresque, une femme assise devant une vaste cheminée, se chauffe tout en causant avec vieux villageois debout auprès d'elle.

DIEPENBECK (ABRAHAM VAN).

77 — Baptême de Jésus. — Debout sur une petite éminence qui s'élève au bord du Jourdain, saint Jean verse sur le front du Sauveur l'eau du baptême.

Composition de vingt-cinq figures, dans le sentiment d'ordonnance des ouvrages de Rubens.

BREUGHEL (Pierre).

78 — Petit paysage dans lequel l'artiste a figuré l'incendie de Troie.

79 — Paysage. Une rivière, sur laquelle s'élève un pont de pierre, parcourt en divers sens un pays couvert de montagnes boisées. Pendant du précédent.

BLOEMEN (Pierre Van).

80 — Un villageois, conduisant deux chevaux chargés, chemine à travers un pays montagneux et boisé.

Exécution savamment étudiée et d'une brillante couleur.

REMBRANDT (d'après).

81 — Portrait du maître.

BRILL (Mathieu).

82 — Site montagneux et boisé. L'artiste a représenté sur le premier plan le sujet de la femme adultère.

RUBENS (école de).

83 — Sainte Catherine refusant de sacrifier aux idoles, est condamnée au supplice. — Quatorze figures.

DYCK (ÉCOLE DE VAN).

84 — Portrait d'homme représenté à mi-corps, tenant un mouchoir à la main. On distingue son baudrier doré, sous son manteau de soie noire.

Ce portrait rappelle par sa tournure les ouvrages de Van Dyck exécutés en Italie.

PAUL D'ANVERS.

85 — Vue d'une partie du golfe et de la ville de Naples, couronnée dans le fond par le fort Saint-Elme et le Vésuve. — Signé *Paulo Fiamengo fecit.*

C'est une représentation exacte des lieux et d'une grande précision de détails.

CHAMPAIGNE (ÉCOLE DE PHILIPPE DE).

86 — Portrait présumé celui de Charles de Longue-vale, ambassadeur en Flandre. Il porte un costume du temps de Louis XIII.

MORO (ANTOINE).

87 — Portrait d'homme à barbe vu en buste, la tête couverte d'une toque noire.

GRYEF (GENRE DE).

88 — Deux lièvres, une perdrix et un pigeon ramier
gisent à terre sur le devant d'un paysage.

PETERS (BONAVENTURE).

89 — Un bâteau pêcheur et d'autres voiles naviguent
sur une mer agitée par un commencement
d'orage.

LAENEN (JEAN VAN DER).

90 — Réunion hollandaise. Une dame fume gravement
une pipe auprès de deux cavaliers qui jouent
au trictrac. Huit figures.

BAUT (PIERRE).

91 — L'entrée d'un port de mer garni de vaisseaux
et de bâtiments marchands.

FRANCK (PAR L'UN DES).

92 — Vue de la place Saint-Marc à Venise. De nobles
personnages, groupés sur une estrade, assistent à une espèce de course de taureau, exécutée par des hommes du peuple

WERFF (Adrien van der).

93 — Portrait d'homme en perruque poudrée et vêtu d'un habit de satin broché à fleurs, recouvert d'un manteau de velours rouge.

On retrouve dans ce portrait l'exécution soignée et fondue qui distingue tous les ouvrages du maître.

VEEN (Pierre van).

94 — Vertumne, déguisé en vieille, flatte Pomone avec tant d'adresse qu'il parvient à s'en faire aimer.

QUERFURT (Auguste).

95 — Des palefreniers conduisent cinq chevaux à l'abreuvoir dans une rivière qui baigne le devant d'un paysage orné d'une ruine.

ÉCOLE FRANÇAISE.

LARGILLIÈRE (Nicolas de).

96 — Portrait d'un général du siècle de Louis XIV. Exécution large et facile.

VAN GORP.

97 — Un jeune homme et cinq jeunes filles, réunis pour une collation champêtre, jouent avec un enfant debout sur une table de pierre.

PAR ET D'APRÈS DES PEINTRES DE DIVERSES ÉCOLES.

98 — Deux paysages d'une touche énergique et facile. Dans l'un on remarque la Sainte Famille en voyage; dans l'autre, saint Jérôme en lecture, assis au bord d'un torrent. Par *Seb. Ricci*.

99 — La Vierge, assise sur un trône, soutient sur ses genoux l'Enfant Jésus. Deux moines, un évêque et un chevalier vénitien adorent le fils de Dieu.

Esquisse finement touchée et composée à l'instar des ouvrages de *Paul Véronèse*.

100 — Un soldat écoute attentivement une jeune femme qui pince de la mandoline. Attribué à *Carpioni*.

101 — Dans un site sombre et sauvage, saint Pierre médite, agenouillé contre un rocher. Ecole de *Salvator Rosa*.

102 — Paysage baigné par une rivière qu'une petite
fille passe à gué. Ouvrage traité dans le goût
de *Zuccarelli.*

103 — Un camaldule, assis devant une cheminée, lit
une lettre à trois religieux franciscains. Attribué à *Fusolo.*

104 — Le pendant. A la porte de son couvent, un religieux franciscain distribue de la nourriture à
des pauvres.

105 — Paysage. Gorge de montagnes d'où s'échappe
un torrent auprès duquel sont arrêtés deux
pêcheurs.

106 — Le pendant. Un cavalier et un muletier chemi-
nant dans un pays montagneux traversé par
un torrent.

Ces deux paysages sont l'œuvre d'un artiste
italien qui s'est inspiré des productions de
Jean Both.

107 — Portrait en buste d'une femme vêtue d'une robe
noire ; d'après *Paul Véronèse.*

108 — Saint Jérôme se frappant la poitrine avec une
pierre ; école du *Corrège.*

109 — Saint Jérôme en prières à l'entrée de sa grotte ;
école des *Carrache.*

110 — Réduction de la Madeleine du palais Barbarigo ;
copie d'après *le Titien.*

111 — Une Vierge dans un tabernacle ; école *Byzantine.*

112 — La Vierge, l'Enfant et trois Chérubins ; par *Valerio Castello.*

113 — Un Amour tenant un casque, par *Padovanino.*

114 — Portrait d'homme, par *Bonvicini.*

115 — Une Piété ; école de *Barroche.*

116 — Site des environs de Rome ; école du *Guaspre.*

117 — Une Piété ; style de Manteigne.

118 — Deux paysages : dans l'un, on remarque des laveuses près d'une fontaine ; dans l'autre, un pêcheur au bord d'une rivière qui forme cascade. Genre de *Zuccarelli.*

119 — Autre petit paysage composé dans le même goût.

120 — Trois fumeurs attablés autour d'un tonneau ; imitation de *Téniers.*

121 — Deux paysages ornés de ruines et animés par des groupes de petites figures ; genre de *Breemberg.*

122 — Trois buveurs assis autour d'un tonneau ; genre de *Brauwer.*

123 — Une vieille cabaretière attablée auprès de deux voyageurs qui se rafraîchissent ; par *Terwesten.*

124 — Le Christ au jardin des Oliviers; par *Seb. Franck*.

125 — Groupe de bestiaux au pâturage sous la surveillance d'un pâtre; par *Wagenbauer*, de Munich.

126 — Deux fumeurs; école de *Téniers*.

127 — Jeune femme coiffée d'un fichu qu'elle arrange en forme de turban, par *Angelica Kauffman*.

128 — Deux vues d'architecture, ruines d'anciens palais, par *Stœcklein*.

129 — Le Reniement de saint Pierre; genre de *Seghers*.

PEINTRES INCONNUS.

130 — Des matelots débarqués sur un rivage s'approvisionnent d'eau à une source dont les eaux tombent en cascade entre des rochers élevés; par un Allemand en Italie.

131 — Saint Jean et les trois Marie s'apprêtent à ensevelir le corps de Jésus, qu'ils contemplent avec douleur. — Ancienne école Lombarde.

182 — Vision de saint Pierre.

133 — Diogène tenant sa lanterne.

134 — Atlas couché et appuyé sur un globe.

135 — Le songe de Saint Joseph.

136 — Un Ange détache des flèches du corps de saint
      Sébastien.

137 — Saint Roch en habit de pèlerin. — Figure à mi-
      corps.

138 — Tête de vieillard à barbe et cheveux blancs.

139 — Paysage de montagnes, traversé par un torrent
      et éclairé par les rayons du soleil couchant.
Ce tableau porte les initiales B. V. S.

140 — La Vierge allaitant son fils couché sur ses ge-
      noux.

141 — Avenue du parc d'un château hollandais.

142 — Diane au bain surprise par Actéon.

143 — Paysage où cheminent deux pèlerins.

144 — Paysage, effet de neige.

145 — Le Christ en croix sur le Calvaire. D'un côté la
      Vierge, saint Jean et les saintes femmes
      pleurent la mort du Sauveur ; de l'autre, les
      soldats de Pilate jouent sa tunique aux dés.

146 — Le pendant. — La Vierge tombe évanouie à la
      vue du corps de son fils qu'on descend de la
      croix.

Ces deux tableaux, bien composés et brillants
      d'effet, paraissent avoir été peints par un
      Flamand en Italie.

TABLEAUX ÉTRANGERS A LA COLLECTION DE M. DE SIVRY.

DOSSO DOSSI.

147 — Saint Georges, monté sur un cheval blanc et armé à la manière des chevaliers romains, combat un énorme dragon. Ce généreux martyr ayant déjà rompu sa lance dans la gueule du monstre, lève son sabre pour lui porter le dernier coup.

Depuis longtemps ce tableau est attribué à Jules Romain, sans doute à cause de quelques rapports avec le même sujet traité par Raphaël; cependant, nous croyons retrouver dans la couleur et dans la facture de l'exécution tout le caractère des ouvrages du peintre ferrarais auquel nous l'attribuons.

BEGA (Corneille).

148 — Une jeune paysanne allaite son enfant dans une chambre rustique; un vieux villageois la regarde en riant. Dans le fond, un buveur va verser à boire à une jeune fille qui lui tend son verre.

Le flou du pinceau, la couleur blonde et dorée, l'heureuse distribution de la lumière, l'expression vivante des airs de tête, concourent à l'effet piquant de ce tableau, qui peut passer pour un des meilleurs ouvrages de Béga.

GRAAT (Bernard).

149 — Sujet inconnu. — Une femme et un jeune homme suivent d'un œil attentif les mouvements d'un jeune aveugle qui pose sur un banc une jarre de grès pleine de liquide.
Signé B. Graat, 1696.

POELENBURG (attribué a Corneille).

150 — Des Nymphes se reposent au bord d'un ruisseau qui coule à travers des ruines et baigne le pied d'une statue.
Ce petit tableau porte le monogramme : P, avec la date 1641.

LYS (Jean vander).

151 — Le Repos des Dieux.—Vingt-six figures peintes avec ce pinceau précieux et fondu, et cette suavité de couleur qui séduisent tant dans les ouvrages de Poelenburg.

BRAUWER (genre d'Adrien).

152 — Deux joueurs de cartes et deux buveurs attablés autour d'un tonneau dans l'intérieur d'une chambre rustique.

PAR UN PEINTRE ALLEMAND.

153 — Paysage de montagnes, traversé par un torrent.

GUET (Oscar, 1827).

154 — Une jeune fille panse un goutteux assis dans son fauteuil.

155 — Deux petits moissonneurs portant des gerbes de blé. — Daté de 1828.

BLAREMBERG (H. van).

156 — Débarquement d'un vaisseau corsaire dans une ville barbaresque.
Miniature d'un précieux fini où l'on compte plus de quatre-vingts figures.

BELL (Rodolph).

157 — Un Page prenant congé d'une châtelaine.
Peinture à l'aquarelle.

WOUWERMANS (Pierre).

158 — Un paysan assis au bord d'une route que deux cavaliers parcourent au galop.

BEGYN (Abraham).

159 — Un pâtre monté sur un cheval blanc, et un autre à pied, conduisent un troupeau de vaches et de moutons.

SNAYERS (PIERRE).

160 — Rendez-vous de chasse sur le devant d'un beau paysage peint par Paul Brill.

LANTARA.

161 — Site entrecoupé de coteaux, embellis de fabriques et traversé par une rivière qui baigne le premier plan. Effet de soleil couchant.

Lantara avait surtout une prédilection marquée pour les soleils couchants, dont il retraçait admirablement tous les feux, en y répandant cette vapeur légère qui pénètre l'atmosphère au déclin du jour.

WETT (JEAN DE).

162 — La Reine de Saba offrant des présents à Salomon.

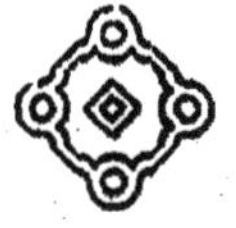

MAULDE et RENOU, Imprimeurs de la Compagnie des Commissaires-Priseurs, rue de Rivoli prolongée, au coin de celle de l'Arbre-Sec.

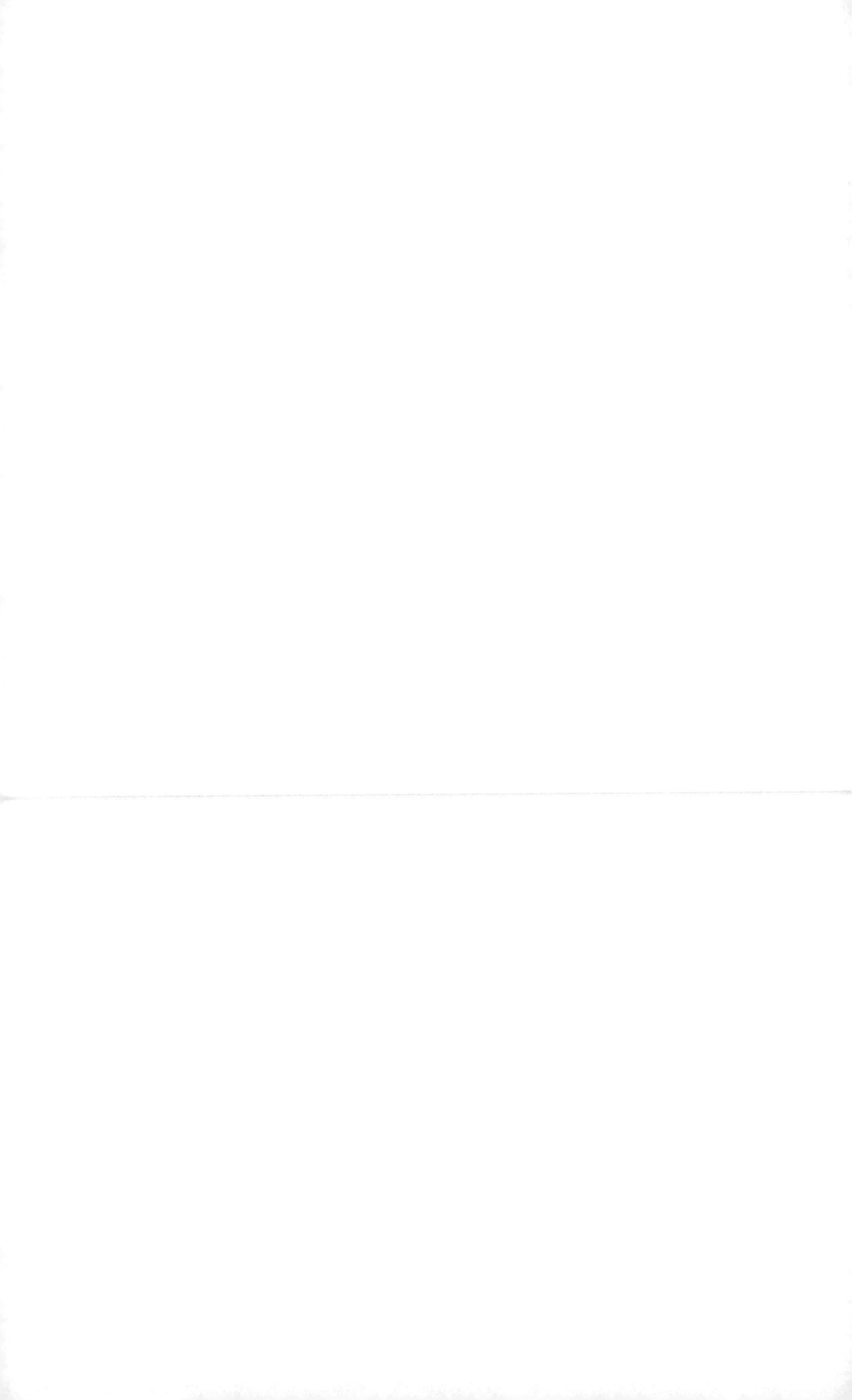

www.ingramcontent.com/pod-product-compliance
Ingram Content Group UK Ltd.
Pitfield, Milton Keynes, MK11 3LW, UK
UKHW021651090726
13657UKWH00004B/1898